SOUVENIRS

ET RÉFLEXIONS

D'UN VÉTÉRAN DE 92;

DÉDIÉS

AUX AMIS DE LA LIBERTÉ

ET DE L'ORDRE PUBLIC.

PAR

S.-M. BOUTISSAUT-CHÉRON,

VÉTÉRAN DE 92.

Prix : 3o cent.

PARIS,

BÉCHET AINÉ, LIBRAIRE,

QUAI DES AUGUSTINS, 21;

ET CHEZ LES MARCHANDS DE NOUVEAUTÉS.

1833.

SOUVENIRS

ET RÉFLEXIONS

D'UN VÉTÉRAN DE 92.

A diverses époques de mes soixante ans, j'ai vécu au milieu de la classe ouvrière dans laquelle je suis né. Depuis quelques mois, des circonstances indépendantes de ma volonté m'ayant forcé de retourner à ce genre de vie, j'ai été surpris de l'éducation politique qu'ont reçue les plus jeunes surtout des ouvriers, de cette progression si rapide dans leurs idées et dans leurs raisonnemens. J'ai résolu d'observer : je les ai suivis, non dans leurs ateliers, je ne le pouvais plus, mais dans leurs repas, dans leurs amusemens. De tout ce que j'ai entendu, j'ai conclu que quelque influence secrète les travaillait et les excitait sous le fol et spécieux prétexte de les éclairer, sans doute.

Cette pensée, qui se fortifie chaque jour chez moi par l'observation, m'a engagé à jeter quelques idées sur le papier, à rappeler quelques souvenirs ; car dans les vicissitudes d'une vie trop orageuse dans son obscurité, il m'est resté la mémoire.

Puisse ma voix faible et chevrotante être entendue de ceux que l'on veut égarer, comme aussi de ceux qui, manquant d'expérience, se laissent aller à des idées exaltées !

RÉVOLUTION DE 1830.

La révolution de juillet 1830 n'a pas porté ses fruits : voilà le point de départ de toutes les déclamations.

Certes, aux yeux de tout homme exempt de passions et de préjugés, la révolution de 1830 est un événement à jamais mémorable ; il est digne de l'admiration et de la reconnaissance de tous les peuples ; il est décisif pour la France et pour l'Europe ; il a proclamé inévitable le triomphe du libéralisme sur l'absolutisme ; mais ce triomphe doit être obtenu par la raison et non par la folie ; par la force de la civilisation, et non par celle des armes ; par la paix qui protège le commerce ; le commerce, propagateur de la civilisation, des arts, des sciences et des lumières, non moins que des richesses : le commerce, fils de la paix, lie toutes les nations ; il adoucit les mœurs en multipliant, en facilitant les communications et les relations. A sa suite, l'instruction pénètre dans toutes les classes, dans les peuplades les plus isolées. *La mer est devenue le lien de la société de tous les peuples de la terre.* Il faut qu'un peuple soit préparé par degrés à recevoir la liberté : ces degrés, ce sont l'instruction, les lumières, l'expérience.

Lorsqu'en 89 la liberté apparut en France, on vous l'a dit ou vous l'avez lu ; moi je l'ai vu : de même que le bonhomme Noé perdit la raison en buvant sans ménagement le jus de la vigne dont il goûtait pour la première fois ; de même aussi les Français, enivrés à la première possession de la liberté, se livrèrent à des excès jusqu'alors inconnus dans notre belle patrie.

N'oublions pas que la perfection est l'œuvre du temps et non du désir insensé des hommes. Il y a eu loin de celui qui, le premier, a fabriqué une pioche grossière pour ouvrir les entrailles de la terre, à celui qui, aussi le premier, a poli un rasoir, et a osé le porter sur sa figure.

LOUIS-PHILIPPE Ier.

« Je ne montais pas sur le trône, comme héritier des
« anciennes dynasties, pour m'y asseoir mollement
« sous les prestiges des habitudes et des illusions ; mais
« pour affermir les institutions que le peuple voulait,
« pour mettre les lois en accord avec les mœurs, et
« pour rendre la France redoutable, afin de maintenir
« son indépendance.   (*Mémorial de Ste.-Hélène.*)

Qui ne reconnaît que ce peu de mots a, pour ainsi
dire, servi de règle à Louis-Philippe.

*Il a senti qu'il fallait que les institutions eussent un
rapport général à l'état où il trouvait les choses et au
détail des biens à faire et des maux à corriger.*

Il a commencé par développer peu à peu les institutions que le peuple français attendait de lui, comme la
nature au printemps développe peu à peu les produc-
tions que doit mûrir l'automne. Connaissant le besoin
pressant de donner à la France une attitude imposante,
s'il a demandé des sacrifices aux Français, il ne les a
réclamés que pour rendre la France redoutable, afin
de maintenir son indépendance. Il a parfaitement saisi
la pensée de Napoléon repentant, celui qui a fait pro-
clamer que le sang des Français n'appartenait qu'à la
France, au maintien de son indépendance, au respect
dû à son honneur, à sa dignité.

*Les guerres doivent être justes ; ce n'est pas assez,
il faut qu'elles soient nécessaires pour le bien public ;
le sang du peuple, ne doit être versé que pour ce même
peuple dans les besoins extrêmes.*

Au 3o juillet 183o, dans l'enthousiasme de la vic-
toire, la puissance ressaisie par le peuple souverain est

remise en des mains plus dignes ; pour prix de leur sang versé dans la grande semaine, les Français vont enfin acquérir les garanties qui manquaient à leurs institutions.

La terreur qu'inspire les souvenirs de l'anarchie, le besoin généralement senti de stabilité dans le cercle de la révolution de juillet 1830, commandent la forme monarchique du gouvernement représentatif.

Le peuple souverain appelle Louis-Philippe au trône, non pas seulement comme chef de la branche cadette des Bourbons, mais comme le plus digne, joignant au titre d'honnête homme celui de l'un des vétérans de la liberté.

Il sait la guerre et il a montré son courage, non-seulement contre les balles et les baïonnettes, mais contre l'adversité ; *mais il aime la paix*, s'est-on dit, *et voilà les deux choses qu'il faut souhaiter. Un homme qui connaît les malheurs, les dangers et les difficultés de la guerre est bien plus capable de l'éviter qu'un autre qui n'en a aucune expérience. Il a goûté le bonheur d'une vie tranquille, il a condamné les entreprises de son prédécesseur, il en a prévu les suites funestes.*

Qui n'a pas dit au 30 juillet, qui ne dit pas encore aujourd'hui de Louis-Philippe ce que l'on disait de Napoléon à son retour d'Egypte :

« Quel moment pour sa vie ! il paraît, tout se calme,
« tous les regards s'unissent, tous les vœux se confon-
« dent : voilà l'homme que j'attendais ; c'est pour moi
« qu'il arrive. »

Les lois progressives sur la presse, les élections, l'instruction primaire, la loi municipale, la loi départementale, la loi d'expropriation pour utilité publique, celle sur le desséchement des marais, le projet de loi de l'illustre maréchal ministre de la guerre, du vainqueur de Toulouse, sur l'organisation de l'armée active et de réserve, prouvent combien était juste l'idée que l'on s'était formée du caractère et de la manière de penser et d'agir de Louis-Philippe, comme roi des Français. Par l'éducation du peuple, par la diffusion des lumières, il met la force du côté de la raison. Ne sont-ce pas les lumières répandues depuis plus d'un siècle, qui ont produit les grands événemens qui distinguent le nôtre? L'imprimerie et la presse libre sont pour l'émancipation des peuples le point d'appui que demandait Archimède pour soulever le monde.

La presse libre, sous la loi, prévient ou dénonce les abus, en tant qu'elle est exempte de passions ; elle est la sentinelle de la liberté, de l'ordre public ; elle signale en souriant les efforts impuissans des vieux préjugés, le fol et vain espoir des exagérés, et rappelant aux diverses classes leurs droits et leurs devoirs, elle éclaire ; mais elle n'incendie pas.

Les élections, peu à peu progressives, sont étendues à raison de l'esprit et de l'éducation politique de la nation. La France ne peut ni ne doit livrer ses destinées à des tribuns factieux et turbulens.

La liberté n'existe-t-elle pas de fait comme de droit, pour qui respecte les lois et la forme du Gouvernement. Le droit, le devoir du Gouvernement n'est-il pas d'appeler la sévérité des lois sur tous les individus qui les veulent enfreindre, et troubler la paix intérieure de l'Etat? A cet effet, il est investi du pouvoir suprême. Si, parfois, il n'appelle pas la vengeance des lois à son secours, s'il corrige, il use de son droit de grâce; car si son pouvoir est grand, il est miséricordieux aussi. Ceux qui, dans ces corrections paternelles, croient voir de l'arbitraire, n'y reconnaîtraient qu'une sage prévoyance, s'ils jugeaient de sang-froid et dans l'intérêt du pays, dans une position autre que celle où ils sont placés.

L'instruction primaire coordonnée avec les besoins et les intérêts de ceux qui la reçoivent, s'ouvre largement et gratuitement pour la classe ouvrière et industrielle. La bonne éducation des enfans les accoutume à l'obéissance aux lois, au travail, à la sobriété, à l'amour des arts et des lettres.

La loi municipale fondée sur des bases aussi étendues que sages, laisse aux élus des communes, dans la discussion et le réglement de leurs intérêts particuliers, sous l'égide du Gouvernement, une latitude inconnue jusqu'ici.

La loi départementale, dans une sphère nécessairement plus élevée, laisse également aux grands propriétaires, aux industriels élus, à régler, sagement aussi encore sous l'égide du Gouvernement, tout ce qui peut intéresser les besoins, la prospérité de ceux qu'ils représentent momentanément.

La loi sur l'expropriation pour cause d'utilité publique, en élaguant mille formalités ruineuses, en donnant aux expropriés, aux entrepreneurs, une garantie plus forte et plus juste, en leur assurant une marche plus prompte, ouvre une carrière immense aux capitaux qui voudront la parcourir ; à la France, un avenir de prospérité dont il n'est pas d'exemple. L'or et l'argent ne ressemblent point à la pierre qui, en courant, n'amasse point de mousse ou n'augmente point de poids ; c'est dans une circulation toujours croissante que les capitaux prospèrent.

La loi sur le desséchement des marais mérite d'autant plus notre reconnaissance, qu'en même temps qu'elle ouvre de nouveaux débouchés aux capitaux qui vont se disséminant dans les mains de la classe laborieuse, elle assainit le pays, et rend profitables à l'agriculture et au commerce des terrains jusqu'ici aussi nuls qu'insalubres.

L'organisation projetée de l'armée active et de réserve prouvera au monde que Louis-Philippe *ne veut rien entreprendre qui trouble la paix générale. Fidèle dans ses alliances, ses alliés l'aiment, ne le craignent point, et ont une entière confiance en lui. Sa probité, sa bonne foi, sa modération le rendront l'arbitre de tous les Etats qui environnent le sien.* Médiateur entre la Belgique et la Hollande, entre le Turc et l'Égyptien, il a montré sa modération, son énergie, sa toute-puissance. *Il fait fleurir les arts et les sciences qui sont utiles aux véritables besoins de la vie; surtout il encourage l'agriculture, l'industrie; il met le peuple dans l'abondance des choses nécessaires à la vie. Ce peuple innombrable, sa jeunesse aguerrie tour à tour, cette jeunesse, la fleur de la nation, exercée au métier des armes, méprise la mort, et aimerait mieux mourir que de perdre cette liberté que goûte un grand peuple sous un roi sage, appliqué à ne régner que pour faire régner la raison. Voilà la vraie gloire.*

En cet état, qu'un peuple voisin nous attaque contre les règles de la justice, il nous trouvera aguerris, préparés; mais, ce qui est bien plus fort, il nous trouvera aimés et secourus. Tous nos voisins s'élanceront pour nous, persuadés que la conservation de notre monarchie fait la sûreté générale. Voilà un rempart bien plus assuré que toutes les murailles des villes et que toutes les places les mieux fortifiées.

« Rien ne marche dans un système politique où les « mots jurent avec les choses. Le Gouvernement se

« décrie par le mensonge perpétuel dont il fait usage ;
« il tombe dans le mépris qu'inspire tout ce qui est faux
« et faible. »

Que les gens qui s'acharnent contre ce qu'ils appellent LA PENSÉE IMMUABLE DU 7 AOUT méditent cette phrase de Napoléon ; qui mieux que Louis-Philippe en a parfaitement compris la justesse et la portée? La conduite, la marche qu'il a suivie jusqu'à ce jour ont été dictées par ce principe vital d'une monarchie représentative ; par la profondeur de jugement qui a reconnu et qui pose un terme entre la réalité et les illusions, entre la rapidité d'un mouvement désordonné et la sagesse régulière d'un mouvement progressif.

Le suprême et parfait gouvernement consiste à gouverner ceux qui gouvernent. Il faut les observer, les éprouver, les modérer, les corriger, les aimer, les élever, les rabaisser, les changer de place et les tenir toujours dans la main.

Le vrai génie qui conduit l'Etat est celui qui, ne faisant rien, fait tout faire, qui pense, qui invente, qui pénètre dans l'avenir, qui retourne dans le passé, qui arrange, qui proportionne, qui prépare de loin. L'occupation d'un grand roi doit être de penser, de former de grands projets, et de choisir les hommes propres à exécuter sous lui.

Louis-Philippe a saisi le juste milieu entre les excès d'un pouvoir despotique et les désordres de l'anarchie.

Ouvrons l'histoire de tous les peuples de la terre ; nous y verrons que la faiblesse d'un souverain, quelque bon, quelque vertueux qu'il fût d'ailleurs, que son manque de fermeté, de tenacité dans le système que sa position lui avait tracé, l'ont toujours entraîné à sa perte. Sans aller dérouler les annales des nations étrangères, quel est celui de mes contemporains qui ne répète souvent avec moi : Ah ! si Louis XVI eût eu plus de caractère, s'il eût fait faire justice de quelques brouillons intrigans, du flambeau de la Provence (1), de la chandelle d'Arras (2), il n'eût pas porté sa tête auguste sur l'échafaud ; il nous eût épargné les horreurs de 93, et la liberté planerait également aujourd'hui sur notre horizon, sans avoir éprouvé d'aussi étonnantes vicissitudes de gloire, de douleurs et de sacrifices.

Louis-Philippe ne règne pas, disent quelques-uns ; il gouverne !

La France, en changeant de monarque, n'a point prétendu que le roi des Français fût une poupée comme le doge de Venise, qu'il fût le jouet de l'oligarchie ou de la démocratie. Le peuple souverain a fait un choix libre ; ce choix fait, celui qui en a été l'objet a été, par le fait, saisi de la puissance de la loi. Or, s'il doit faire respecter et exécuter les lois, il doit conséquemment faire respecter le choix du peuple. Y a-t-il dans la Charte un seul article qui exprime que le roi des Français n'est roi que pour la forme (*rex pro forma*). *Le roi doit avoir au-dessus des autres ce qui est nécessaire, ou pour le soulager dans ses pénibles fonctions, ou pour imprimer au peuple le respect de celui qui doit soutenir les lois.*

Louis-Philippe a été appelé au trône comme Français, comme le plus digne ; il a pensé, comme Napoléon repentant, que tout ce qui est faux et faible, tombe dans le mépris. Il n'a pas été audacieux comme à vingt ans, l'amant aimé de la révolution ; il a justifié la maxime

---

(1) Mirabeau.
(2) Robespierre.

de Fénélon (1). Roi pacifique et non roi conquérant, fort de l'assentiment de la presque unanimité des Français, il a comprimé et domine les frêles partis qui s'agitent dans l'ombre. Dans la campagne glorieuse d'Anvers, il a prouvé à l'Europe que l'armée française n'avait rien perdu de sa vaillance ni de son impétuosité. Loin d'aspirer au dangereux honneur de commander au monde par la force des armes, il fonde un gouvernement modèle : la prospérité toujours croissante de la France atteste la haute sagesse de ses vues, les bienfaits de la paix répandent l'abondance. Quel est donc l'insensé qui préférerait entendre, au lieu des cris d'allégresse qui retentissent sur son passage, les cris déchirans des mères redemandant leurs enfans au décimateur des nations ?

Quant au parti qui traite Louis-Philippe d'usurpateur, je lui opposerai notre histoire même.

Que ce soit pour obéir à l'opinion publique ou à la raison politique, que la France indignée et sanglante ait rejeté le petit-fils de Charles X, est-ce le premier exemple d'un pareil rejet que nous trouvons dans nos annales ?

De tout temps, les Français ont eu le droit d'instituer et de destituer leurs rois, comme on l'a vu, tant par les rois élus aux Etats et portés sur des pavois, que par les exemples de Pepin et de Hugues-Capet.

Leur déposition ou rejet était une déclaration de leur fainéantise, qui les rendait indignes du droit naturel dont ils avaient été honorés par leur naissance, pour

---

(1) Ce qui fait le plus prospérer l'espèce humaine est autant la paix que la liberté.

avoir rendu l'autorité royale faible et méprisable en
leurs personnes, par leur indolence et leur nullité, l'a-
bandonnant sans honte et sans pudeur aux mains de
ministres prévaricateurs.

Charles de Lorraine, héritier présomptif de Louis V,
en la place duquel fut élu Hugues-Capet, fut privé d
la couronne, d'une voix unanime, par les Etats-Généraux, composés de la noblesse et des députés des pro-
vinces et des villes.

La nécessité, le danger de l'Etat, son salut, forçaient
alors d'avoir recours aux Etats-Généraux dans le sein
desquels germaient ces grands corps politiques, qui
aujourd'hui affermissent et assurent le pouvoir royal
en le balançant. On préférait, à bon escient, le bien
public à l'intérêt particulier d'un seul.

RÉPUBLIQUE.

Une bien faible partie de la minorité en France de-
mande ou attend la république.

Cette minorité se compose, selon moi, de trois
nuances.

La première nuance est celle d'hommes de bonne
foi, qui ont la conviction de la possibilité de ce qu'ils
désirent, et l'attendent paisiblement du progrès des
lumières et de la civilisation.

La seconde est celle de ces têtes exaltées qui ne rê-
vent que propagande et triomphe; qui, comptant sur
quelques illuminés de l'Allemagne et du Nord, sur
quelques carbonari d'Italie, quelques débris des ultras
en Espagne, croient, également de bonne foi, à la possibilité de la marche paisible d'un tel gouvernement en
France, et qui mieux encore vont s'imaginant que la
forme de tous les gouvernemens de l'Europe change-

rait à leur voix, aussi rapidement qu'une décoration d'opéra au signal de la baguette d'Armide.

La troisième nuance est celle d'hommes qui n'aspirent après un changement qu'ils provoquent de tous leurs efforts et par tous moyens, que pour en tirer le meilleur parti possible à leur profit ; qui n'ayant pas beaucoup à perdre et tout à gagner, s'inquiètent peu des suites du bouleversement de la société ; leur situation ne pouvant que s'améliorer, s'ils y survivent.

La première nuance serait bientôt effacée par le brillant et le prestige de la seconde ; toutes deux seraient victimes de la troisième.

Les deux premières nuances m'opposeront-elles Athènes, Sparte, Rome antique ? Je leur demanderai où sont les traces de la puissance de ces glorieuses républiques, si ce n'est dans nos bibliothèques et dans nos Musées. Athènes la plus brillante, Rome la plus puissante, déchirées par l'anarchie, sont tombées sous la main du fer du despotisme ; elles ont disparu du rang des nations.

Athènes fut le berceau de la civilisation, des sciences et des arts ; elle les porta au plus haut degré de splendeur ; elle fut dans son période l'astre des lumières. Néanmoins, la civilisation, les lumières et les arts n'ont pu empêcher sa ruine. Ce météore éclatant a disparu, et la monarchie française va toujours grandissant en lumières comme en gloire, grâces à la royauté héréditaire.

M'opposera-t-on la république des Etats-Unis d'Amérique ? Je répondrai qu'elle est jeune encore. Qui n'admire la jeunesse de la république romaine ? La liberté elle-même, quand elle secoua le joug trop pesant de la métropole, comme à Rome quand elle secoua le joug des Tarquins, fut la fondatrice de la république

des États-Unis. Le caractère national, les mœurs, l'é-
ducation, le climat, sa position éloignée de l'Europe,
militent en faveur de sa durée ; mais je crains pour elle
trop de prospérité et d'agrandissement.

Mais, me dira-t-on avec les illuminés d'Allemagne
et du Nord :

« Tout homme qui est censé avoir une ame libre,
« doit être gouverné par lui-même ; à ce titre, il est
« essentiellement libre : c'est à lui seul à se commander
« au nom de sa raison, ou du moins à instituer au gré
« de sa raison les lois et les pouvoirs qui doivent en-
« traîner son obéissance : ce qui dans les grands États
« ne peut être fait par le peuple lui-même, doit l'être
« par ses représentans. »

Ces principes, qui sont le grand cheval de bataille des
propagandistes, aucun Français peut-il nier qu'ils soient
écrits dans la Charte de 1830, et qu'ils n'aient été dé-
veloppés progressivement depuis dans nos lois ?

Comment le plus ardent amateur de l'égalité veut-il
enfin interpréter ou commenter ce mot représentant ?

Est-ce oligarchiquement, comme autrefois à Venise ?

Est-ce démocratiquement, comme jadis à Athènes ?

Ou enfin est-ce monarchiquement, comme J.-J.
Rousseau, que certes il ne s'attendait pas à trouver là ?
Écoutons-le.

« J'appelle république tout État régi par des lois,
« sous quelque administration que ce puisse être, car
« alors l'intérêt public gouverne seul et la chose pu-
« blique est quelque chose. Pour être légitime il ne faut
« pas que le Gouvernement se confonde avec le sou-
« verain (le peuple), mais qu'il en soit le ministre ;
« alors la monarchie elle-même est république. »

La monarchie elle-même est république en France, s'écrierait J.-J. aujourd'hui.

Louis-Philippe Ier est roi légitime, ajouterait-il ; car :

Dans l'acte le plus solennel de souveraineté qu'exerce le peuple, dans les élections, le Gouvernement n'est que le ministre du souverain, il ne se confond pas avec lui dans les élections de ses représentans.

Ce sont les lois seules qui régissent, et non la volonté d'un seul.

Qui dicte le verdict des jurés ? leur conscience, dans l'intérêt public.

Que consultent les juges ? la loi.

Qui fait les lois ? les trois pouvoirs réunis.

Qui discute l'assiette de l'impot ? qui approuve ou rejette les recettes et les dépenses ? le peuple : non par lui-même, ce qui ne peut avoir lieu dans les grands Etats, comme les illuminés en conviennent eux-mêmes, mais par ses représentans.

Ainsi les hommes composant les deux premières nuances que je crois avoir distinguées parmi les partisans de la république, sont dans l'erreur pour le principe, et quant à l'application, comme je l'ai dit plus haut, la perfection est l'œuvre du temps et non du désir insensé des hommes.

Où trouvera-t-on donc sur le continent une forme de gouvernement plus républicaine , c'est-à-dire, plus appropriée à l'opinion de J.-J. lui-même, ce prototype des républicains, et celle de Fénélon ? Ces deux génies si opposés par leur caractère et leur état sont rapprochés dans leurs idées sur la royauté. D'après leur opinion commune, les rois ne sont que les esclaves de la loi.

Ne serait-ce qu'à la dénomination monarchique que

les deux nuances dont je parlais plus haut répugneraient? Possible.

Voudraient-elles dire consul, ou président, au lieu de roi? Possible.

Le voudrait-on électif et pour un temps bref? Encore possible. On a l'espoir d'y arriver : le conscrit porte le bâton de maréchal de France dans sa giberne.

Ces hommes que je révère et que je regrette de combattre ont-ils donc oublié que si la royauté n'eût pas été élective en Pologne, cette monarchie guerrière, de si glorieuse et déchirante mémoire, existerait encore aujourd'hui dans sa splendeur; que ses tempestueuses élections ont seules amené sa ruine : ses voisins se sont portés juges de ses débats, le résultat a été celui de la fable de l'huître et des plaideurs.

Quant à la troisième nuance, quant à ces hommes dangereux dans tous les temps, dans tous les pays, qui pour le malheur de leur époque peuvent arriver un moment au pouvoir, je me contenterai de leur citer ces paroles du représentant du peuple, Carrier, sortant de la Convention pour marcher à la mort.

« De toute l'assemblée, il ne restera que la sonnette.»

ROYAUTÉ.

La royauté, en France, a devant elle la renommée, l'antiquité de la possession qui se perd dans la nuit des temps; pour elle la justice et la reconnaissance des peuples, pour soutien ses trophées de paix et de guerre, et pour triomphe la Charte de 1830.

Charles Martel, Pepin-le-Bref ont arraché la France des mains des Maures; Charles VII de celles des Anglais; Louis XI l'a délivrée de l'insolence des grands vassaux de la couronne; Henri IV l'a sauvée des fureurs de la ligue; Napoléon de celles de l'anarchie; Louis XVIII l'a retirée sanglante des ongles du léopard Anglais et des serres des aigles du Nord ; Louis-Philippe l'a reçue libre, triomphante et pure de la volonté spontanée du peuple Français, après la grande semaine.

La royauté inhérente à la France est la plus ancienne comme la meilleure forme de gouvernement, quand le roi est le père du peuple, suivant l'ordonnance de nature.

Une autorité qui n'a de compte à rendre à personne est pernicieuse à celui qui commande et à ceux qui sont commandés. Les deux Chambres sont les brides légitimes et salutaires des rois, et le contre-poids nécessaire de leur autorité.

Charles X en a éprouvé l'effet redoutable dans toute sa sévérité pour avoir voulu se mettre au-dessus des lois ; la succession a pu changer de ligne, mais non la forme du gouvernement ni les antiques usages ; un Français qui ne conservait que le nom de son illustre race a été remplacé par un Français plus digne, par un homme devenu roi légitime par le choix du peuple.

Depuis plus de quatorze cents ans le Français est habitué au gouvernement monarchique : une habitude aussi invétérée serait d'autant plus difficile à détruire, que de quelques souvenirs qu'il s'occupe, de quelque côté qu'il regarde, le Français se convainct que ce n'est qu'en conservant cette royauté héréditaire et légitime qu'il est seul resté debout au milieu du déluge universel qui a changé la face de toutes les nations du globe ; la France seule, de tous les Etats de l'univers, n'a point subi la loi commune imposée aux choses humaines, de naître, croître, décroître et disparaître, pour de leurs élémens dispersés former d'autres individus.

Eût-elle cédé naguères à l'Europe entière conjurée contre elle si elle eût défendu son roi et sa Charte constitutionnelle? Non, elle en eût triomphé. Pour faire éclater sa toute-puissance, elle n'a besoin que de bon ménage et d'harmonie. Tel que Jupiter olympien, le Roi des Français n'a qu'à froncer le sourcil pour ébranler le monde.

BOUTISSAUT-CHÉRON,
Vétéran de 92.

IMPRIMERIE DE BAUDOUIN, RUE MIGNON, 2.